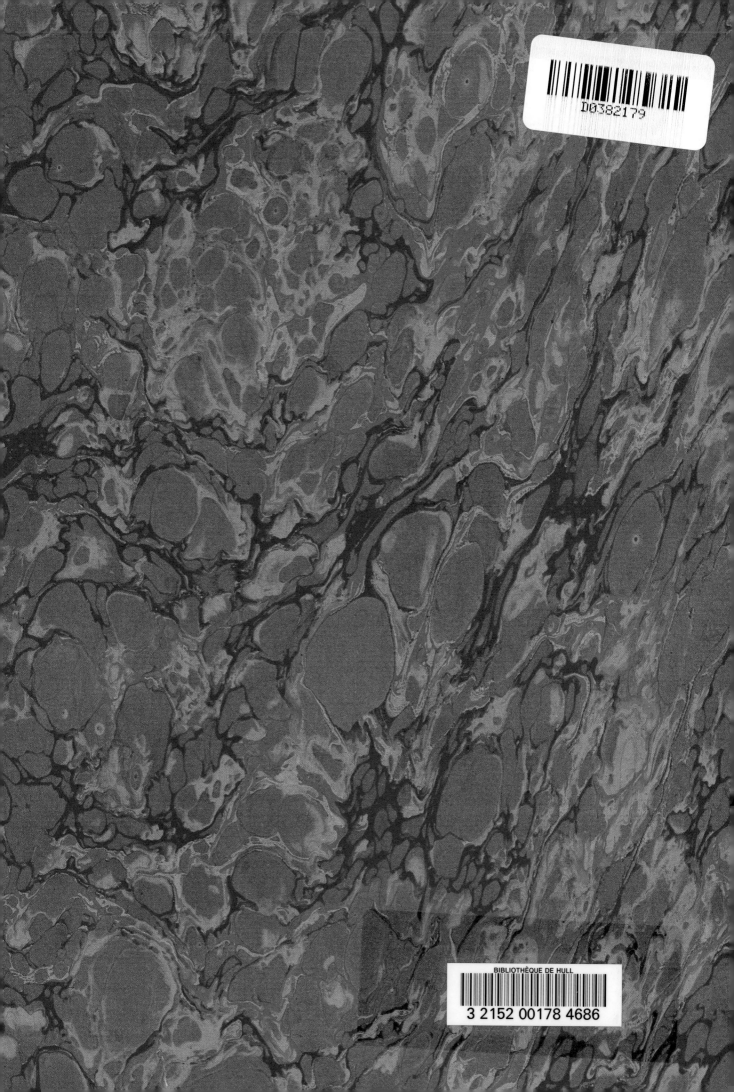

THÉODORE POUSSIN

LA VALLÉE DES ROSES

PAR
FRANK LE GALL

D'après les souvenirs
de M. Théodore-Charles Le Coq

DUPUIS

A Madeleine et Teddy,
deux enfants du siècle.

Dépôt légal : janvier 1993 — D.1993/0089/11
ISBN 2-8001-1983-7 — ISSN 0773-4794
© 1993 by Le Gall and Editions Dupuis
Tous droits réservés
Imprimé en Belgique par Proost/Fleurus

JE CROIS QUE NOUS POURRIONS COMMENCER AINSI, PAR UN BEAU VERGER CLOUÉ DANS LA LUMIÈRE PLATE ET ENTIÈRE D'UN BEAU SOLEIL DE JUILLET 1909. CELA VOUS CONVIENT-IL ?

CE VERGER EST À MON PÈRE. C'EST LUI QUI A TENU À CE QUE L'ENTRÉE FÛT NETTE DE TOUTE VÉGÉTATION ET RÉSERVÉE À NOS JEUX.

C'EST LÀ QU'ÉTAIT LA BALANÇOIRE, QUE LES GRANDES PERSONNES UTILISAIENT CERTAINS JOURS AUTANT QUE NOUS. QUE DE MANIÈRES, CHEZ CES ÉLÉGANTES, POUR S'ASSEOIR SUR LA PLANCHE, QUE DE GLOUSSEMENTS POUR S'ÉLEVER JUSQU'À UN MÈTRE DU SOL !

ON N'ALLAIT PAS EN VACANCES, MAIS LES VISITEURS, EUX, VENAIENT CHEZ NOUS. MON GRAND-ONCLE VICTOR — TRÈS EXACTEMENT VICOMTE VICTOR DE SAINT-CLAIR — DONNAIT CHAQUE ANNÉE À NOTRE MAISON UN PETIT AIR D'EMPESAGE.

AH OUI ! IL DEVIENT TOUT À FAIT IMPOSSIBLE DE SE LOGER DANS PARIS !

C'EST POURQUOI LA PLUPART DES GENS DEMEURENT AU N° 130 DE LA RUE SAINT-LAZARE ! BIEN SÛR, PUISQU'ILS VONT HABITER À VERSAILLES OU À St-GERMAIN !

RUINÉ PAR UN NOTAIRE INDÉLICAT, L'ONCLE VICTOR S'ÉTAIT VU FORCÉ DE TRAVAILLER POUR LA PREMIÈRE FOIS DE SA VIE À QUARANTE-HUIT ANS.

LA BANQUE DU BRÉSIL M'OFFRE BIEN UN POSTE D'ADMINISTRATEUR, MAIS JE N'Y CONNAIS RIEN !

COMMENT, MON ONCLE ! POURQUOI VOUS PROPOSERAIT-ON UN TEL POSTE ?

MAIS PARCE QUE TOUT CE QUE LA BANQUE ME DEMANDE, MON CHER, C'EST MON NOM !

IL TROUVAIT ENCORE LA RESPONSABILITÉ TROP LOURDE ET REFUSA.

MAIS MON PÈRE S'INTÉRESSE MOINS AUX REVERS DE FORTUNE DU PEU COURAGEUX ONCLE VICTOR QU'À LA PARCELLE DE TERRAIN QU'IL VIENT D'ACHETER À UN GRAND HORTICULTEUR DE ROSENDAËL, À 30 MÈTRES SEULEMENT DU VERGER QU'IL LUI A DÉJÀ RAVI. IL COMPTE Y FAIRE BÂTIR NOTRE FUTURE RÉSIDENCE PRINCIPALE.

CINQUANTE ANS PLUS TÔT, EN 1860, ROSENDAËL ÉTAIT ENCORE UN HAMEAU DE QUATRE CENTS ÂMES ENVIRON, COMPOSÉ POUR L'ESSENTIEL DU PETIT MONDE BESOGNEUX DE QUELQUES FERMES. MAIS DES JARDINS CULTIVÉS ET D'AGRÉMENT, APPARTENANT COMME NOTRE VERGER À DES FAMILLES DU PROCHE DUNKERQUE, EXISTAIENT DÉJÀ.

DES RÉSIDENCES D'ÉTÉ FURENT BIENTÔT CONSTRUITES, MAIS AUSSI DES GUINGUETTES, QUI AVAIENT POUR NOM "LE JARDIN MABILLE", "LA VALLÉE DES ROSES" OU "LE GRAND BALAOU". C'ÉTAIT, COMME A DIT MAUPASSANT, "MATELOTES ET FRITURES, CABINETS DE SOCIÉTÉ, BOSQUETS ET BALANÇOIRES."

ENTRAÎNÉE PAR UN ACCORDÉON OU UN "HARMONIPHONE ALBERT FLOREIN", LA CLIENTÈLE Y DANSAIT LE DIMANCHE ET CERTAINS SOIRS D'ÉTÉ SUR DES AIRS DE MAZURKA ET DE MATCHICHES.

C'EST LÀ, À LA "VALLÉE DES ROSES", QUE MES PARENTS DONNÈRENT LE REPAS DE LEUR MARIAGE.

CE 18 SEPTEMBRE 1901, DUNKERQUE ÉTAIT EN LIESSE. ON AVAIT PAVOISÉ LA VILLE ET PLIÉ BOUTIQUE. ON ÉTAIT VENU PARFOIS DE FORT LOIN POUR ASSISTER...NON PAS AUX NOCES DE MES PARENTS, MAIS AU PASSAGE À DUNKERQUE DU TSAR NICOLAS II, SON ÉPOUSE ET LEUR SUITE, EN ROUTE POUR PARIS.

L'ÉDILE QUI MARIA MES PARENTS Y CONSENTIT À TITRE EXCEPTIONNEL, À LA CONDITION QUE LEUR PREMIER ENFANT, SI C'ÉTAIT UNE FILLE, S'APPELÂT OLGA, DU NOM DE LA PETITE PRINCESSE RUSSE.

LA NOCE FUT JOYEUSE ET RÉUSSIE. ELLE SE TERMINA PAR UNE GRANDE PARTIE DE PÊCHE, GRÂCE AUX GAULES AIMABLEMENT PRÊTÉES PAR L'ÉTABLISSEMENT.

MES PARENTS PÊCHAIENT EN PRIANT LE CIEL QU'AUCUN POISSON NE VÎNT MOURIR AU BOUT DE LEUR LIGNE, ET LE CIEL, QUI RESPECTE PARFOIS LES VOLONTÉS DE CEUX QUI S'AIMENT, LES EXAUÇA.

ILS ÉTAIENT TOMBÉS AMOUREUX DE CE PETIT PARADIS ET SE FIRENT LA PROMESSE À VOIX BASSE, SUR LE CHEMIN DU RETOUR, DE S'Y INSTALLER UN JOUR.

EN EFFET, MES NUITS, RUE DES SŒURS BLANCHES, AVAIENT ÉTÉ, DURANT CES QUELQUE HUIT ANNÉES, BERCÉES PAR LE CHANT DES SIRÈNES...

POOON POOOOOOONNNN

CHERS PAQUEBOTS! VOUS NE SAVIEZ PAS QU'AU PREMIER DE VOS APPELS, JE PARTAIS AVEC VOUS POUR L'ORIENT, POUR L'AFRIQUE, ET QUE J'EN REVENAIS LA MÊME NUIT, À MA GUISE...

PARFOIS, QUAND LE VENT PORTAIT, JE POUVAIS ENTENDRE LES CLAMEURS DES MARINS ET DES OUVRIERS DU PORT; ET, AVEC ELLES, LES NOU-VELLES QUE LE VENT DU NORD M'APPORTAIT DE MON PÈRE...

PAPA AVAIT PROFITÉ DU DÉSARMEMENT DE SON NAVIRE, QUI AVAIT BESOIN DE RÉPARATIONS, POUR S'OCCUPER DU DÉMÉNAGE-MENT ET PRENDRE SA LARGE PART AUX TRAVAUX D'INSTALLATION.

IL ÉTAIT AIDÉ PAR MON ONCLE HENRI QUI, ÉTANT DANS LE COMMERCE DU VIN, POSSÉDAIT UN CHEVAL ET UNE VOITURE.

VOILÀ! ÇA FERA LE PREMIER VOYAGE.

PARFAIT! GRIMPE LÀ-DESSUS, THÉODORE, TU NOUS ACCOMPAGNES.

ZOU! ALLONS-Y, MON BONHOMME!

ET MOI?

TOI, TU RESTES ICI POUR AIDER MAMAN. JE SUIS DÉSOLÉ, CAMILLE, MAIS C'EST UN TRAVAIL D'HOMMES!

6

EH BIEN, THÉODORE ? TU NE DIS RIEN ? TU SEMBLES BIEN MOROSE... ÇA NE VA PAS ?

SI, SI, PAPA...

HUM ! TU N'AURAIS PAS VOLÉ QUELQUE SUCRERIE DONT LA DIGESTION FERAIT SOUFFRIR TA CONSCIENCE ? NON ?

NON, NON, ONCLE HENRI.

LA FAMILLE, NOMBREUSE, ÉTAIT VENUE EN RENFORT, LES FRÈRES DE MON PÈRE, EN COLS BLANCS, S'ÉTANT PLUTÔT SPÉCIALISÉS DANS LE SERVICE D'INSPECTION...

N'EMPÊCHE QUE TOUT LE MONDE ATTENDAIT L'HEURE DU PETIT VIN BLANC, OFFERT PAR L'ONCLE HENRI, AVEC LE MÊME PLAISIR.

JE PROFITAI DE CE MOMENT POUR M'OUVRIR AUPRÈS DE MON PÈRE DE MA PROFONDE TRISTESSE À L'IDÉE DE QUITTER DUNKERQUE ET LA RUE DES SOEURS BLANCHES...

?

MAIS QUAND J'ÉVOQUAI LES SIRÈNES DES BATEAUX, IL SE MIT À RIRE.

HA HA HA HA !

?

EH BIEN ! LIS LES VOYAGES D'ULYSSE, MON GARÇON ! ON Y PARLE DU DANGER QU'IL Y A À ÉCOUTER LE CHANT DES SIRÈNES !

HA HA HA HA ! HA HA ! HA HA !

ALORS, MARCEL, ET CETTE ARMOIRE ? ON S'Y MET ?

ALLONS-Y, CHARLES. JE VOUS SUIS.

À UN ENFANT MON PÈRE TENAIT RAREMENT UN LANGAGE QU'IL NE POUVAIT SAISIR. C'EST POURQUOI CETTE PLAISANTERIE, FAITE À MES DÉPENS, ME VEXA PROFONDÉMENT ET LES RIRES DE CHACUN, AUTOUR DE MOI, ME PARURENT COMME AUTANT DE COUPS DE POIGNARD DONT ON AURAIT LARDÉ MON ORGUEIL.

SUR LE MOMENT, JE VOUAI À MON PÈRE UNE RANCUNE ÉTERNELLE.

JE N'ÉTAIS QU'UN IDIOT ... JE SAVAIS QUE ROSENDAËL, ÇA VEUT DIRE "VALLÉE DES ROSES", MAIS DU HAUT DE MES HUIT ANS, JE CROYAIS LES ROSES IMMORTELLES...

LA RENTRÉE DES CLASSES, DANS MA NOUVELLE ÉCOLE, L'ÉCOLE SAINT-JOSEPH DE ROSENDAËL, COÏNCIDA AVEC LA CHUTE DES MARRONS.

TANDIS QUE NOUS ÉTIONS LIVRÉS À L'EXERCICE DE CHANGE-FESSE SUR LES BANCS DURS ET POLIS QUI NOUS EMPRISONNAIENT, NOUS ÉCOUTIONS LES BOGUES S'ÉCRASER MOLLEMENT DANS LA COUR.

IL S'EN ÉCHAPPAIT DES FLOTS ROUGES ET BRUNS DE TRÉSORS QUI S'EN ALLAIENT PARFOIS ROULER TRÈS LOIN, LES CAMARADES QUI SE TROUVAIENT PRÈS DES FENÊTRES NOUS LES DÉCRIVAIENT AVEC LES YEUX...

NOUS METTIONS LA RÉCRÉATION À PROFIT POUR EMPLIR NOS POCHES DE CE TRÉSOR QU'ON TROUVAIT À PROFUSION. IL NOUS ÉTAIT INTERDIT D'EN LANCER.

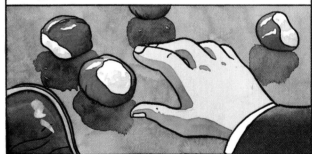

C'EST POURQUOI JE VOUE UNE TENDRESSE PARTICULIÈRE AUX MARRONS ; C'EST EN EN LANÇANT UN QUE JE DÉCOUVRIS L'AMITIÉ...

AÏE !

VOUS DEUX !
OUI, VOUS DEUX !

CHEZ LE FRÈRE DIRECTEUR, TOUT DE SUITE !

VOUS LUI EXPLIQUEREZ POUR QUELLE BONNE RAISON JE VOUS ENVOIE CHEZ LUI ! DÉPÊCHEZ-VOUS !

ATTENDS-MOI !

TOC TOC !

ENTREZ.

COMMENT QUE TU T'APPELLES ?

CHUT !

EH BIEN, MESSIEURS ? À QUOI DOIS-JE DE RECEVOIR VOTRE VISITE ?

C'EST ... HEU... C'EST LE FRÈRE ADRIEN QUI NOUS A DIT DE VENIR VOUS TROUVER, CHER FRÈRE ...

IL A REÇU UN MARRON D'INDE DANS L'ŒIL...

MMH ...
MMH ...

ET ALORS ? CE MARRON NE S'EST PAS PROJETÉ TOUT SEUL, J'IMAGINE ?

OH NON, CHER FRÈRE... EUH...

C'EST NOUS QUI L'AVONS LANCÉ...

VOUS ? ALLONS, MESSIEURS, VOUS AURIEZ VOULU LANCER CONJOINTEMENT CE PROJECTILE QUE VOUS N'EUSSIEZ PU LE FAIRE, LA PHYSIQUE LA PLUS ÉLÉMENTAIRE VOUS L'INTERDISANT.

VOYONS. LEQUEL DE VOUS DEUX EST L'AUTEUR DE LA PARABOLE DÉCRITE DANS L'ATMOSPHÈRE PAR CET OFFENSIF MARRON ET INTERROMPUE, SOUS L'EFFET DU HASARD, JE VEUX LE CROIRE, PAR L'OEIL DE FRÈRE ADRIEN ? QUI A LANCÉ CE MARRON ?

C'EST MOI...

C'EST PARFAIT. C'EST VOUS DEUX, EN EFFET, QUI SEREZ CONSIGNÉS JEUDI PROCHAIN. JE VOUS COMPTE UNE RETENUE DE QUATRE HEURES, DE DEUX À SIX. RAPPELEZ-MOI VOS NOMS, JE VOUS PRIE.

POUSSIN, CLASSE DE 9e...

CLACQUIN, CLASSE DE 8e...

À PRÉSENT, REJOIGNEZ VOS CLASSES, MESSIEURS. VOS CAMARADES SONT RENTRÉS DEPUIS UN MOMENT. VOUS IREZ PRÉSENTER VOS EXCUSES AU FRÈRE ADRIEN À LA PROCHAINE RÉCRÉATION.

ET VLAN ! LES PUNITIONS DÉGRINGOLENT COMME LES MARRONS !

À PLUS TARD, CLACQUIN !

ET JE PASSAI L'HEURE SUIVANTE À PÉTRIR LA SOUDAINE ADMIRATION QUE J'ÉPROUVAIS POUR L'OPINIÂTRE CLACQUIN. CE "C'EST MOI" LANCÉ AVEC UN PARFAIT SYNCHRONISME PAR DEUX COEURS RÉGLÉS À LA MÊME CADENCE MARQUAIT, J'EN ÉTAIS SÛR, LA NAISSANCE D'UNE AMITIÉ INDÉFECTIBLE.

QUI EST-CE ?

COMMENT ! TU NE VOIS PAS QUE C'EST UNE VOITURE QUI VIENT DE LA COUR DE BELGIQUE ?

ET ELLE ? TU CROIS QUE C'EST LA PETITE PRINCESSE MARIE-JOSÉ ?

BIEN SÛR QUE C'EST ELLE, IDIOT !

REGARDE-MOI ? TU ES AU MOINS AUSSI JOLIE QU'ELLE, TU SAIS, CAMILLE !...

OUI, MOI, JE SUIS TA PRINCESSE, TEDDY.

MES RESPECTS, VOTRE ALTESSE.

OÙ ALLEZ-VOUS, LES ENFANTS ?

AU GRENIER, MAMAN.

NOTRE MAISON ÉTAIT ASSEZ GRANDE POUR QUE MES GRANDS-PARENTS MATERNELS PUSSENT Y VIVRE À L'AISE AVEC NOUS. C'EST AINSI QU'EN L'ABSENCE DE MON PÈRE, C'EST-À-DIRE QUAND MON PÈRE NAVIGUAIT DANS LES MERS DU NORD, MON GRAND-PÈRE SE TROUVAIT ÊTRE, EN DEHORS DE MOI, LE SEUL HOMME DE CETTE MAISON.

ALLONS, ALLONS, MOINS DE CHAHUT, LES ENFANTS, QUAND VOTRE GRAND-MÈRE SE REPOSE !

LE ROI DES BELGES EST EN BAS, DANS SA VOITURE, PÉPÈRE. IL T'ATTEND POUR TE PARLER DE LA SITUATION DU PAYS...

VA VOIR, SI TU NE NOUS CROIS PAS !

LE GRENIER ÉTAIT NOTRE ROYAUME. NOUS PASSIONS DES HEURES À L'OMBRE DE SON MYSTÈRE, METTANT AU JOUR LES SECRETS QU'IL CACHAIT JALOUSEMENT DANS SES REPLIS HÉTÉROCLITES. À D'AUTRES HEURES, IL ABRITAIT DE TERRIBLES SPECTRES...

ENTRE DONC, TEDDY !

NON. TOI ! VAS-Y, TOI !

ATTENDS ! SI TU ES CAPABLE D'ENTRER LÀ TOUT SEUL ET D'ALLER FRAPPER LE FANTÔME, JE TE PROMETS DE TE DONNER MA PART DE CHOCOLAT.

C'EST VRAI ?

ALORS, REGARDE BIEN !...

TU ES BÊTE ! JE NE PEUX RIEN VOIR, IL FAIT NUIT !

L'HABIT NOIR ÉTAIT NOTRE FANTÔME PRÉFÉRÉ...

MES RESPECTS, MONSIEUR L'HABIT NOIR...

(IL ÉTAIT NÉCESSAIRE DE LE SALUER BIEN BAS SI L'ON VOULAIT S'ATTIRER SES BONNES GRÂCES...)

EUH... JE DOIS VOUS DONNER UNE GIFLE, UNE PETITE GIFLE DE RIEN DU TOUT... JE FERAI TRÈS VITE, NE BOUGEZ SUR-TOUT PAS...

BOM ! BRADAMM !

!!!

ALLONS-NOUS-EN, CAMILLE ! VIENS VITE !

MAIS ! LES VOICI ENCORE ?... QU'EST-CE QUE J'AI DIT ? DE NE PAS COURIR DANS LE COULOIR !

LAISSE-LES COURIR SI ÇA LEUR CHANTE, PÉPÈRE ! ILS S'AMUSENT, C'EST TOUT !

BAH ! ÇA N'EST PAS UN AMUSEMENT, ÇA !

OUF !...

OH LA LA !

ALORS, C'EST VRAI ? TU L'AS FAIT ? TU AS VRAIMENT GIFLÉ LE FANTÔME ?

OH, OUI ALORS ! ET C'EST POUR TOI QUE JE L'AI FAIT, PAS POUR LE CHOCOLAT ! C'EST PARCE QUE TU ES MA PRINCESSE, CAMILLE...

JE TE DONNERAI QUAND MÊME MA PART DE CHOCOLAT... TU ES DRÔLEMENT COURAGEUX, TU SAIS...

ÇA, ÇA N'ÉTAIT PAS VRAI...

TU AS VU ? LA VOITURE EST PARTIE ...

OUI ...

TU CROIS QUE C'ÉTAIT VRAIMENT LA PRINCESSE, TEDDY ?

JE NE SAIS PAS...

LES ENFANTS ! VENEZ GOÛTER !

VOLEURS, NOUS L'ÉTIONS POUR HONORER LE BON SAINT MARTIN, DONT LA PROCESSION SE DÉROULAIT LES 10 ET 11 NOVEMBRE DE CHAQUE ANNÉE...

LA LÉGENDE VOULAIT QUE, CE SAINT MARTIN AYANT ÉGARÉ SON ÂNE DANS LES DUNES, DES ENFANTS PARTIS À SA RECHERCHE, ARMÉS DE LANTERNES ET SOUFFLANT DANS LEURS "TEUTRES", RAMENÈRENT EN CORTÈGE LE BAUDET AU HAMEAU OÙ, POUR LES REMERCIER, LE PAUVRE SAINT TRANSFORMA LES CROTTES DE SON ÂNE EN DÉLICIEUX "VOLAEREN" ET "CRAQUENDOULES".

ON COMMÉMORAIT CET ÉVÉNEMENT TOUS LES ANS EN PROMENANT DES BETTERAVES CREUSÉES ET DES "PAPIER LANTERNS" LE LONG DES RUES ÉTEINTES.

NOUS PRENIONS DONC, MAMAN, CAMILLE ET MOI, ACCOMPAGNÉS DE L'UNE OU L'AUTRE DE NOS TANTES ET DE QUELQUES COUSINS ET COUSINES, LE TRAMWAY JUSQU'À DUNKERQUE EN PORTANT FIÈREMENT NOS LANTERNES DE PAPIER HUILÉ.

AUX "VOLAEREN" QUE NOUS IRIONS CHERCHER CHEZ LES PÂTISSIERS EXCEPTIONNELLEMENT OUVERTS À CETTE HEURE, SITÔT LA PROCESSION DISLOQUÉE...

NOUS RÊVIONS À LA TASSE DE CHOCOLAT QUI NOUS ATTENDRAIT À LA MAISON. ELLE NOUS ÉTAIT, À LA VÉRITÉ, BIEN PLUS PRÉCIEUSE QUE TOUS LES ÂNES ÉGARÉS DU MONDE, FUSSENT-ILS APPARENTÉS À DES SAINTS...

SAINT MARTIN, LEULE LEULE, LEULE...

ÇA SUFFIT, THÉODORE, TAIS-TOI !

NOUS RÊVIONS D'AVANCE AUX MARRONS CHAUDS QUI NOUS RÉCHAUFFERAIENT LES DOIGTS, LE TEMPS DE L'ÉPLUCHAGE...

ALLONS ! AU REVOIR, LES ENFANTS, ET À DEMAIN.

AU REVOIR, FRÈRE ALFRED.

AU REVOIR, FRÈRE ALFRED.

ET N'OUBLIEZ PAS DE RÉVISER VOS ADVERBES ET LA DICTÉE DE BOSSUET...

C'EST ÇA, ON LUI DIRA !

HA! HA! HA !

TU VIENS VOIR LA BALEINE, THÉO ?

LA BALEINE ?

C'ÉTAIT UNE BALEINE. ELLE S'ÉTAIT ÉCHOUÉE SUR LA PLAGE, PARMI LES VÉLOCIPÈDES ET LES MANTES DES DAMES QUI CLAQUAIENT AU VENT COMME AUTANT DE FELIX NOIRS. J'Y SUIVIS MES AMIS, GRÉÉ DE MA PÈLERINE NOIRE QUI SENTAIT LE SUINT ET ME FAISAIT RESSEMBLER À UN PETIT VAISSEAU DÉSEMPARÉ.

CHACUN, EN VENANT LA VOIR, LUI APPORTAIT SON LOT DE RÊVES ET DE RÉFLEXIONS. ET, POUR MA PART, MOI QUE LA MORT ATTRISTAIT, JE PLEURAI SANS POUVOIR M'ARRÊTER DEVANT CES TONNES DE CHAIR DÉFUNTE, TANT IL ME SEMBLAIT QU'UNE BALEINE MORTE L'ÉTAIT DAVANTAGE QU'UNE ABEILLE MORTE.

PUIS, AU FIL DES JOURS QUI SUIVIRENT, LES RÊVEURS ET LES CURIEUX SE FIRENT PLUS RARES... À CAUSE DE L'ODEUR.

18

ET LA BALEINE SOMBRA DANS L'OUBLI.

CAMILLE! CAMILLE! RÉVEILLE-TOI!

HEIN? QU'EST-CE QU'IL Y A?

CHUT! LÈVE-TOI ET SUIS-MOI SANS BRUIT...

CETTE ANNÉE-LÀ, MA LANGUE JUGEA QU'ELLE S'ÉTAIT SUFFISAMMENT RETENUE.

TEDDY!...

CHUT! TAIS-TOI DONC, IDIOTE!

JE DÉVOILAI À CAMILLE LE TERRIBLE SECRET.

MAIS! QU'EST-CE QUE VOUS FAITES LÀ, VOUS DEUX?

?

MON GRAND-PÈRE SE MIT À RIRE, CAMILLE ÉTAIT AHURIE ET MOI, MISÉRABLE DÉTROUSSEUR DE PURETÉ, JE PRENAIS L'AIR D'UN PETIT SAINT JEAN DEVANT L'EN-TERREMENT DE SAINT NICOLAS...

19

L'ARRIVÉE DU CIRQUE DE MADAME VEUVE-PLÈGE ÉTAIT LE SIGNE AVANT-COUREUR DES FESTIVITÉS DE FIN D'ANNÉE.

APRÈS LUI, ET PAR ORDRE DÉCROISSANT, VIENDRAIENT SE MONTER LE CINÉMATOGRAPHE LAFORCE, LE THÉÂTRE DES ARABES OU LE CARROUSEL SALON, PUIS LES BARAQUES ET LES FRITURES, LES KERMESTOURS, LES BALANÇOIRES ET LES POSTICHEURS, ACROBATES, CAMELOTS, LUTTEURS ET DISEUSES DE BONNE AVENTURE.

Venez voir L'HOMME LE PLUS FORT DU MONDE

VOILÀ, JE VOUS SOUHAITE DE BONNES VACANCES DE NOËL, LES ENFANTS, ET JE VOUS DIS : A L'ANNÉE PRO-CHAINE !... HÉ HÉ !

HA HA HA HA!

HÉ ! LENOIR ! À L'ANNÉE PROCHAINE !

À L'ANNÉE PROCHAINE, DUPRÉ !

EH BIEN ? QUI A LA CHARGE DE L'ÉTUDE DU SOIR DE NOËL ?

FRÈRE ANDRÉ, JE CROIS ?

AH NON, PERMETTEZ ! IL EST DÉJÀ PRÉVU QUE JE FERAI CELLE DE PÂQUES !

ET MOI CELLE DE PENTECÔTE, ALORS !

À L'ANNÉE PROCHAINE, FRÈRE ANDRÉ !

A L'ANNÉE PROCHAINE, FRÈRE ANDRÉ !

A L'ANNÉE PROCHAINE, FRÈRE ANDRÉ !

OUI, ÇA VA BIEN COMME ÇA, LES ENFANTS !

21

ALORS, LES ENFANTS ? VOUS Y ÊTES ? ON PEUT Y ALLER ?

NON, NON, PÉPÈRE ! CAMILLE MET SES SOULIERS !

ATTENDS-MOI, PÉPÈRE !

ENFIN, LE SOIR DE LA NOUVELLE ANNÉE, LE CIRQUE ET LA FOIRE D'HIVER OUVRAIENT LEURS PORTES POUR QUINZE JOURS.

ATTIRÉS PAR DES BATELEURS ENFARINÉS, NOUS Y ALLIONS VOIR LA FEMME À BARBE OU L'HOMME TATOUÉ.

NOTRE GRAND-PÈRE S'AMUSAIT AUTANT QUE NOUS. SES PRÉFÉRENCES ALLAIENT À L'ÉTAL DU TUNISIEN "BOUM-BOUM", LE MARCHAND DE BONBONS DONT LE SURNOM VENAIT DE CE QU'IL S'ANNONÇAIT EN CRIANT UN FAMEUX "BOUM-BOUM, NOUGATS, BERLINGOTS", ET QUI DEVAIT UN JOUR SE NOYER DANS LE PORT.

OH ! PÉPÈRE ! ON VA AU CINÉMATOGRAPHE ?

C'EST QUE... JE N'AIME PAS TROP CETTE INVENTION-LÀ, MOI, VOUS SAVEZ !...

OH OUI, PÉPÈRE, ALLONS-Y !

BON. QUELLE PANTOMIME JOUEZ-VOUS, CETTE FOIS-CI ?

DES SCÈNES COMIQUES DE RIGADIN, MONSIEUR, UN SPECTACLE DU MEILLEUR GOÛT QUE SA MORALITÉ NOUS AUTORISE À CONSEILLER AUX FAMILLES !...

JE CROIS ME SOUVENIR QU'EN DÉPIT DES AIRS D'HABITUÉ QU'IL AFFICHAIT, C'ÉTAIT LA PREMIÈRE FOIS QUE NOTRE PÉPÈRE PÉNÉTRAIT DANS L'ATMOSPHÈRE ASSOURDISSANTE DU CINÉMATOGRAPHE.

LAFORCE

IL ÉTAIT D'UN AUTRE ÂGE. ET PUIS IL N'AVAIT AUCUN GOÛT POUR L'IMAGINAIRE.

MAIS !...POURQUOI DONC ÉTEIGNENT-ILS ? ON N'Y VOIT PLUS RIEN !...

SOUS PEU, LES GENS COMME NOTRE GRAND-PÈRE DISPARAÎTRAIENT ET L'ON NE TARDERAIT PAS À S'APERCEVOIR AVEC MARCEL PAGNOL QUE LA LANTERNE MAGIQUE DU CINÉMATOGRAPHE AVAIT LA PROPRIÉTÉ DE "RESSUSCITER LES DANSEUSES MORTES".

"LA MUSE DU CHANTEUR DES RUES VA COMME LUI LES PIEDS NUS. DE DUNKERQUE À SAINT-POL-SUR-MER, ILS CHANTENT TOUS DEUX LEUR MISÈRE..."

23

25

DÈS LE 16 JANVIER, LE CIRQUE COMMENÇAIT DE SE DÉMONTER ET ON EN VENDAIT LE BOIS...

MON ONCLE MARCEL EN ACHETAIT POUR FAIRE CUIRE SON FRICOT, LEQUEL LUI IMPORTAIT PLUS QUE TOUTE LA MAGIE DU MONDE....

ONCLE MARCEL! VIENS VOIR NOTRE BONHOMME DE NEIGE, COMME IL TE RESSEMBLE!...

TOUT À L'HEURE, PAPA L'A PRIS POUR TOI, ET IL EST ALLÉ LUI SERRER LA MAIN!

EH BIEN! ILS SONT DÉLICIEUX, LES ENFANTS, CETTE ANNÉE! DE LA VRAIE GRAINE DE GALÉRIENS!

N'ÉCOUTEZ PAS CES VAURIENS, MARCEL, ET ENTREZ PLUTÔT VOUS RÉCHAUFFER!

BONJOUR, GABRIELLE! COMMENT VAS-TU?

J'AI REÇU CE MATIN UNE LETTRE D'HAÏPHONG. C'EST CE QUI M'AMÈNE...

ASSEYEZ-VOUS, MARCEL...

CHARLES ME DIT AVOIR DE GRAVES ENNUIS, DES ENNUIS D'ARGENT, À CAUSE D'UNE INDIGÈNE QUI... JE CROIS QU'IL AIMERAIT...

QUELLE PITIÉ!...

SOYONS CLAIRS, MARCEL! VOUS SAVEZ QUE NOUS NE VOULONS PLUS RIEN SAVOIR DE CHARLES STEENE! IL EST DONC HORS DE QUESTION QUE NOUS CONSENTIONS À AIDER CETTE CRAPULE D'UNE FAÇON OU D'UNE AUTRE!...

CHARLES! LES ENFANTS!

EH BIEN? QUE FABRIQUEZ-VOUS LÀ, TOUS LES DEUX? FAITES-MOI LE PLAISIR D'ALLER JOUER DANS LE JARDIN, S'IL VOUS PLAÎT!

BIEN, PAPA!

ET MAINTENANT? QUE FAISONS-NOUS?

NOUS ALLONS FU-SILLER ONCLE MARCEL, QUI MET PAPA EN COLÈRE... CHERCHE DES PIERRES!

ALORS, MARCEL? L'AFFAIRE EST CONCLUE? VOUS ME PRENEZ LES DEUX POUR VINGT SOUS?

PAS SI VITE!...

IL N'Y A RIEN À MANGER SUR LA PETITE...

MAIS LE GARÇON EST BIEN DODU! IL EST SI GRAS QUE VOUS FEREZ UN EXCELLENT BOUILLON AVEC SES OS...

AVEC PLAISIR! VOYEZ CE QU'IL A FAIT DE MA STATUE!...

COMMENT! RÉCON-CILIÉS? LA TRAHISON ÉTAIT TOTALE!

25

27

VOICI L'ÉTÉ !

L'AIR EST CHAUD, ET COMME ZÉBRÉ DE CHANTS D'ABEILLES. DERRIÈRE NOTRE MAISON, L'HERBE A CETTE ODEUR DE FOIN UN PEU SUFFOCANTE, L'ODEUR DES MOIS D'AOÛT.

MAIS À DEUX PAS, LA MER EST PROMETTEUSE DE JEUX, DE COURSES ET DE BAINS...

DE BONNE HEURE, L'ESPACE NOUS AP-PARTIENT, JUSQU'AU MOMENT OÙ LE LOUEUR DE CABINES PREND POSSESSION DES LIEUX.

SON ARRIVÉE MARQUE NOTRE REPLI VERS LES DUNES, REPLI STRATÉGIQUE ET ASSAUT GUERRIER TOUT À LA FOIS, PUISQUE NOUS EN DÉLOGEONS LES COUPLES D'AMOUREUX VENUS S'ABRITER DU VENT ET DES REGARDS.

JE DOIS ICI VOUS EXPLIQUER COMMENT MA SŒUR CAMILLE S'EST UN JOUR TROU-VÉE AUX MAINS DU REDOUTABLE PIRATE ESPAGNOL JOSE MONTEZ, ET COMMENT, EN LIVRANT BATAILLE DANS CES DUNES, JE PARVINS À L'ARRACHER À UNE MORT CER-TAINE (ET DOU-LOUREUSE...).

TEDDY DES DUNES !

JOSÉ MONTEZ ! INFÂME FUBUSTIER ! JE VAIS T'OUVRIR EN DEUX COMME UNE MOULE !

LA TIGNASSE NOIRE DE CLACQUIN L'AVAIT DÉSIGNÉ D'EMBLÉE POUR TENIR LE RÔLE DU PERFIDE IBÉRIEN, CE DONT IL S'ACQUITTAIT AVEC UNE GRANDE CONSCIENCE.

HA, HA ! PLUTÔT MOURIR !...

CAMILLE ÉTAIT NOTRE PRINCESSE. NOUS AVIONS LONGUEMENT HÉSITÉ À NOUS ENCOMBRER D'UNE FILLE QUI, DE SUR-CROÎT, ÉTAIT MA PETITE SŒUR. MAIS, FRANCHEMENT, NI CLACQUIN NI MOI N'AURIONS VOULU JOUER LE RÔLE INGRAT DE LA PRINCESSE QU'UN BEAU PRINCE SAUVE POUR L'ÉPOUSER !...

MEURS, FORBAN D'ESPAGNE !

AAAH!

TEDDY ! NE DIS PAS DE GROS MOTS !

SITÔT TUÉ, CLACQUIN COURAIT SE JETER À L'EAU. JE LE SUIVAIS, MAIS JE DOIS AVOUER QUE TEDDY DES DUNES S'Y COMPORTAIT À LA MANIÈRE D'UN CRA-PAUD QUI NAGE EN OBLIQUE.

CET ÉTÉ-LÀ, NOUS EÛMES LA VISITE DE LA COUSINE DE MAMAN, CLÉMENCE, ET DE SES DEUX FILLES, QU'ELLE AVAIT INVITÉES À PASSER QUELQUES JOURS DE VACANCES.

MA PAROLE ! JE N'AIME PAS BEAUCOUP TOUTES CES HISTOIRES, MOI !...

MAIS TIENS DONC, MON GARÇON !

JE TIENS, PÉPÈRE !

AH ! TON MARI A BIEN DE LA CHANCE D'ÊTRE EN MER, LUI !

LES VOICI, MAMAN ! ELLES ARRIVENT !

REGARDE UN PEU QUEL CHARGEMENT LE FIACRE DÉPOSE DEVANT NOTRE PORTE, MON GARÇON !... BONTÉ DIVINE ! REGARDE-MOI CES "M'AS-TU VUE SOUS MON CHAPEAU À FLEURS ?"!...

CHÈRE CLÉMENCE !

MA BONNE GABRIELLE !

AVEZ-VOUS FAIT BON VOYAGE ?

ÉPOUVANTABLE, MA PETITE GABRIELLE ! VOYEZ DANS QUEL ÉTAT NOUS SOMMES !...

EN VÉRITÉ, ROSENDAËL, NOTRE BOURG, RECEVAIT CE JOUR-LÀ PARIS ...

SONT-CE LÀ TOUS VOS BAGAGES, CLÉMENCE ?

GRANDS DIEUX, NON ! LA MALLE A ÉTÉ ENREGISTRÉE, ELLE ARRIVERA ICI DIRECTEMENT...

VOICI DONC THÉODORE . C'EST UN GARÇON TRÈS DOUX, QUI TRAVAILLE BIEN EN CLASSE, MAIS SON PÈRE LE TROUVE UN PEU FRAGILE ...

BERTHE EST DANS LA HAUTE COUTURE ...

VRAIMENT ?

VOUS VERREZ LES ADORABLES CHOSES QUE RENFERME NOTRE MALLE ...

IL Y A SANS DOUTE LÀ DE QUOI FAIRE PÂLIR NOTRE PETITE ROSENDAËL ...

C'EST CERTAIN, MA PETITE GABRIELLE !..

NE VOUS INQUIÉTEZ PAS POUR LA MALLE ! PAPA SE CHARGERA D'ALLER LA CHERCHER À LA GARE ...

EH BIEN, TU PENSES! CE SERA UN PLAISIR !

MAIS LE LENDEMAIN MATIN, LA MALLE N'ÉTAIT PAS ARRIVÉE... ELLE N'ARRIVA PAS PLUS LE SURLENDEMAIN, NI LE JOUR D'APRÈS...

C'EST TOUT DE MÊME ÉTRANGE, VOUS NE TROUVEZ PAS ?

JE NE SAIS PAS SI C'EST ÉTRANGE, MAIS C'EST FATIGANT, CES ALLÉES ET VENUES PAR CETTE CHALEUR !...

C'EST SI IMPORTANT, CETTE MALLE ?

IMPORTANT ? HO ! HO ! TU L'ENTENDS, BERTHE ?...

BIEN SÛR QUE C'EST IMPORTANT ! NOUS AVIONS PROJETÉ D'ALLER À LA PLAGE, AU THÉÂTRE ET AU CASINO DU KURSAAL. COMMENT VOULEZ-VOUS, DANS CETTE TENUE ?...

MAMAN POUR-RAIT PEUT-ÊTRE PRÊTER UNE DE SES ROBES À VOTRE MÈRE, BIEN SÛR, MAIS POUR VOUS...

AH ! MAIS IL N'EN EST PAS QUESTION ! NOUS N'ÉCHANGEONS PAS NOS TOILETTES, À PARIS !...

CHEZ NOUS NON PLUS, VOUS SAVEZ !

ET PUIS, VOTRE MÈRE PORTE DE CES TENUES SI VIEILLOTTES !...

ALORS ?

ALORS !
ALORS !

TOUJOURS RIEN ! QUE VOULEZ-VOUS QUE JE VOUS DISE ?

INCROYABLE ! C'EST INCROYABLE ! ET DIRE QUE NOUS RE-PARTONS DEMAIN !

MA MÈRE PROPOSA CE JOUR-LÀ UNE PROMENADE SUR LA DIGUE-PROMENADE DE MALO-LES-BAINS. LES COUSINES DÉCLINÈRENT SÈCHEMENT L'INVITATION EN ROUGISSANT ET COURURENT S'ENFERMER DANS LEUR CHAMBRE.

EH BIEN, MES ENFANTS ?

EH BIEN QUOI, MAMAN ?

TIREZ-VOUS UNE MORALE QUELCONQUE DE CETTE HISTOIRE DE MALLE ÉGARÉE ?

CERTAINEMENT, MAMAN !

OUI, CAMILLE ?

JE PENSE QU'IL VAUT MIEUX NE PAS FAIRE CONFIANCE AUX CHEMINS DE FER POUR LE TRANSPORT DE SES AFFAIRES PRÉCIEUSES...

LE LENDEMAIN, LES COUSINES PARTIRENT EN HÂTE SANS UN MOT, SANS UN SOURIRE...

JE DIS : TU N'AS PAS REMARQUÉ COMME TA COUSINE AVAIT LES YEUX ROUGES ?

TAIS-TOI, PAPA, TU ES UN MAUVAIS HOMME !

COMMENT ? APRÈS M'ÊTRE ÉCHINÉ DE LA SORTE APRÈS CETTE SATANÉE MALLE-FANTÔME ? MERCI BIEN !

EN TOUT CAS, TU SAIS CE QUE JE CROIS, MON GARÇON ? C'EST QU'ON NE REVERRA PAS LES COUSINES À ROSENDAËL DE SITÔT !

TANT MIEUX !

LES COUSINES ENFUIES, JE LEVAI LE MASQUE, J'ABANDONNAI TOUTE IMPOSTURE. OUI, J'ÉTAIS TEDDY DES DUNES, LE TERRIBLE POURFENDEUR DE PIRATES. JE LE FUS TOUT UN ÉTÉ.

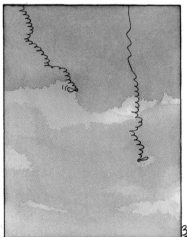

32

COMBIEN AS-TU FAIT DE CAMPAGNES D'ISLANDE, PÈPÈRE ?

QUATRE, AVANT ET APRÈS MON SERVICE MILITAIRE. ON PARTAIT SIX MOIS, DANS LE FROID ET SOUS UN SOLEIL PÂLOT QU'ON NE VOYAIT QUE DEUX OU TROIS HEURES PAR JOUR, C'ÉTAIT DUR, TU SAIS...

ET PUIS APRÈS, JE ME SUIS PAYÉ MON PROPRE BATEAU POUR FAIRE LA PÊCHE CÔTIÈRE. ÇA N'ENRICHISSAIT PAS, MAIS ON VIVAIT TOUS À LA MAISON...

LUI QUI AVAIT COMMENCÉ DE NAVIGUER DÈS L'ÂGE DE ONZE ANS, IL AIMAIT ENCORE ALLER HUMER LE SAVANT MÉLANGE DE PEINTURE FRAÎCHE, D'HUILE DE LIN ET DE GOUDRON QUE RÉPANDAIT L'AIR DU PORT.

POURQUOI, CE JOUR-LÀ, AI-JE VOULU L'HUMILIER ? JE NE SAIS PLUS...

SI ON ALLAIT VOIR LE TOMBEAU DE JEAN BART, PÈPÈRE ?

OÙ VEUX-TU VOIR SON TOMBEAU, BÊTA ? TU VEUX DIRE SA STATUE. TU SAIS BIEN QU'ON N'A JAMAIS RETROUVÉ LE CORPS DE JEAN BART, JE TE L'AI EXPLIQUÉ CENT FOIS.

AH BON. QUELLE EST CETTE ÉGLISE, DIS-MOI ?

C'EST SAINT-ÉLOI.

ET SI, ALORS, ON ALLAIT FAIRE UNE PRIÈRE À L'ÉGLISE ?

SI TU VEUX !

JE LE MENAI JUSQU'À LA PIERRE EN MARBRE BLANC QUI ABRITAIT LE CORPS DU CÉLÈBRE CORSAIRE DEPUIS LE 30 AVRIL 1702, JE LE SAVAIS. MON GRAND-PÈRE RÉFLÉCHIT UN INSTANT, PUIS FIT DEMI-TOUR. JE LE SUIVIS SANS DIRE UN MOT.

NOUS RENTRÂMES À LA MAISON SANS ÉCHANGER UNE PAROLE. JE GOÛTAI POUR LA PREMIÈRE FOIS LE GOÛT DE CENDRE DES VICTOIRES DÉLOYALES.

CET ÉTÉ-LÀ, QUI VIENT DE COMMENCER, EST L'ÉTÉ DE MES DOUZE ANS...

HO! PETIT! EST-CE QUE TA MÈRE EST LÀ'?

CHIEN NOIR!

OUI, JE SUIS LÀ! QUE SE PASSE-T-IL ? OH! C'EST VOUS, FRANCIS ?

OUI, MAME POUSSIN! C'EST LA COMPAGNIE QUI M'ENVOIE VOUS PRÉVENIR !

ME PRÉVENIR DE QUOI ? QU'Y A-T-IL ? C'EST MON MARI ? COMMENT VA-T-IL ?

BEN... C'EST-À-DIRE QU'IL A FAIT NAUFRAGE CETTE NUIT, DANS UNE TEMPÊTE AU LARGE DE GUERNESEY ! LE VAPEUR A SOMBRÉ!

L'ÉMILIE ?

OUI ! MAIS ILS ONT TOUS ÉTÉ RECUEILLIS SAINS ET SAUFS PAR UN NAVIRE ANGLAIS QUI LES A DÉBARQUÉS À CALAIS... VOTRE MARI EST UN VRAI HÉROS, MAME POUSSIN !...

LES HOMMES ONT TOUS TENU À EMBRASSER LEUR CAPITAINE AVANT DE LE QUITTER. TOUT LE MONDE ÉTAIT TRÈS ÉMU, C'QU'IL PARAÎT !

MON PÈRE ARRIVA DANS L'APRÈS-MIDI ...

CE SOIR-LÀ, IL TINT À NOUS COUCHER LUI-MÊME. JE GUETTAIS SES GESTES. JE CROYAIS VOIR DANS SES MAINS LES CÂBLOTS MOUILLÉS, LA BARRE DEVENUE FOLLE, PUIS CELLES DE SES HOMMES, SI CHAUDES DE RECONNAISSANCE.

DIS, PAPA, TU ME RACONTERAS LE NAUFRAGE?

UN NAUFRAGE, C'EST UN ÉCHEC, MON PETIT THÉODORE, C'EST TRISTE, TU SAIS..

CET ÉCHEC DEVAIT LE CLOUER DEUX MOIS À TERRE, À ATTENDRE QU'UN COMMANDEMENT FÛT DISPONIBLE DANS LA COMPAGNIE. POUR NOUS, CE FURENT DEUX MOIS DE BONHEUR ...

NOTRE PÈRE À LA MAISON, NOUS MENIONS ENFIN UNE VIE NORMALE. JE NE CRAIGNAIS PLUS LES ORAGES, SACHANT QU'IL NE LES SUBISSAIT PAS EN MER.

MES PARENTS ALLÈRENT AU THÉÂTRE, DONNÈRENT DES DÎNERS OU DE GRANDS REPAS DE FAMILLE DANS LE JARDIN.

ILS ÉTAIENT HEUREUX ET FIERS QUE J'EUSSE OBTENU MON CERTIFICAT D'ÉTUDES — AVEC MENTION "BIEN". J'IRAIS AU COLLÈGE JEAN BART DÈS LA RENTRÉE D'OCTOBRE, POUR Y RETROUVER CLACQUIN.

LE DIMANCHE, NOUS LOUIONS UNE VOITURE POUR NOUS PROMENER DANS LA CAMPAGNE. AU PASSAGE DE TANT DE RICHESSES ÉTALÉES, LES PAYSANS ÔTAIENT LEURS CHAPEAUX POUR NOUS SALUER AUX CRIS DE "VIVE M. LE MAIRE", ABUSÉS PAR LA PRESTANCE DE MON PÈRE.

JE NE QUITTAIS MES PARENTS QUE POUR ALLER JOUER, PARFOIS, CHEZ CLACQUIN.

SON PÈRE, DONT LE VISAGE ÉTAIT MANGÉ PAR UNE BARBE ROUSSÂTRE PEU APPÉTISSANTE, NOUS PROMENAIT EN BROUETTE À TRAVERS LE JARDIN ET LES SOUS-SOLS DE LA MAISON.

CE N'ÉTAIT DONC PAS ELLE QUI NOUS DONNAIT NOTRE GOÛTER, MAIS UNE VIEILLE BONNE AUX MAINS SI SALES QUE JE N'OSAIS TOUT D'ABORD PAS TOUCHER À MES TARTINES. MAIS LA GELÉE DE COING ÉTAIT SI BONNE...

SA MÈRE SE REPOSAIT LANGUISSAMMENT TOUTE LA JOURNÉE QUAND ELLE NE JOUAIT PAS DU PIANO.

36

LE MOIS DE JUILLET ALLAIT SE TERMINER QUAND L'AT-MOSPHÈRE S'ALOURDIT SOUDAIN À LA MAISON, CHEZ LES AMIS ET BIENTÔT EN TOUS LIEUX.

ON NE POUVAIT ADMETTRE QU'IL Y EÛT LA GUERRE SOUS PRÉTEXTE QUE L'ARCHIDUC D'AUTRICHE VENAIT D'ÊTRE ASSASSINÉ EN SERBIE.

ALLONS! ÇA N'EST PAS RAISONNABLE, VOUS VERREZ CE QUE JE VOUS DIS!...

VOUS CROYEZ?

ET MOI, JE VOUS DIS QUE ÇA NOUS PEND AU NEZ! QUARANTE ANS SANS GUERRE, C'EST PAS UN MONDE, ÇA!

VOUS CROYEZ?

ET C'EST CE MONSIEUR MOUSTACHU QUI AVAIT RAISON. LA LOI DES ALLIANCES JOUANT, L'ALLEMAGNE DÉCLARAIT LA GUERRE À LA FRANCE LE 3 AOÛT, À NOTRE GRANDE CONSTERNATION. NOUS ÉTIONS EN 1914.

MARCEL! JE L'AI, MON COMMANDEMENT! JE SUIS MOBILISÉ! ET VOUS?

MOI AUSSI, MON VIEUX CAPITAINE!

ÇA VEUT DIRE QUE PAPA EST SOLDAT?

OUI, MON PETIT BONHOMME. IL EST MOBILISÉ, COMME TOUS LES HOMMES DE LA FAMILLE...

AU SUIVANT!

OUI?

EH BIEN! JE VIENS M'ENRÔLER!

VOUS ÊTES TROP VIEUX, GRAND-PÈRE, RENTREZ CHEZ VOUS...

ON SE DÉBROUILLERA BIEN SANS VOUS, ALLEZ!

ALLONS, PAPA ! DIS-TOI QUE TU SERAS BIEN PLUS UTILE ICI, À LA MAISON, MAINTENANT QUE CHARLES EST PARTI, POUR LONGTEMPS PEUT-ÊTRE ...

IL PLEURE, PÉPÈRE ?

CHUT ! TAIS-TOI, IDIOTE !...

LA BELGIQUE FUT BIENTÔT ENVAHIE. NOS TROUPES, VENUES DE LILLE OU D'ARRAS, QUI S'EN ALLAIENT SE BATTRE SUR L'YSER, PASSAIENT PAR LA ROUTE DE FURNES, LE LONG DE NOTRE CANAL.

NOS MAISONS LES ACCUEILLAIENT POUR UNE NUIT. LES PORTES D'ENTRÉE DISAIENT, À LA CRAIE, LE NOMBRE D'HOMMES QU'ON Y POUVAIT LOGER.

IL NE S'AGIT QUE DU COUVERT. L'ARMÉE FOURNIT LE FRICOT ET LA PAILLE DU COUCHAGE.

HUIT HOMMES ! VOUS ÊTES SÛR DE POUVOIR EN PRENDRE HUIT ? MAIS OÙ LES METTREZ-VOUS ?

DANS LA VÉRANDA, PARDI !

38

MON GRAND-PÈRE AVAIT REMIS EN ROUTE LA CHAUDIÈRE DE LA BUANDERIE ET SE FIT CUISTOT POUR LE CANTONNEMENT. IL SERVAIT SANS RELÂCHE DE GRANDES PLATÉES DE FRITES ET DE SAUCISSES QU'IL ARROSAIT DE BIÈRE ET DE VIN.

SACRÉ GRAND-PÈRE ! SI TOUT LE MONDE ÉTAIT COMME VOUS, LES BOCHES SERAIENT KAPOUT EN UN MOIS DE TEMPS !...

À CHAQUE DÉPART, C'ÉTAIENT LES MÊMES EXHORTATIONS, QU'ACCOMPAGNAIENT BIÈRE ET BOÎTES DE SARDINES POUR LES FAIRE MIEUX PASSER, TANDIS QUE SON PHONO À MANIVELLE, INSTALLÉ LÀ À CET EFFET, LEUR DÉBITAIT DES MARSEILLAISES ET DES CHANTS DU DÉPART.

AU REVOIR, BOUT DE CHOU!

AU REVOIR, MADAME, ET MERCI POUR TOUT!

ILS N'AURONT PAS L'ALSACE ET LA LORRAINE...

ILS LES ONT DÉJÀ, GRAND-PÈRE!

CRR-CRRR

IL ÉTAIT ADMIRABLE DE PATRIOTISME, LUI QUI N'AVAIT GUÈRE D'AUTRE BIEN À DÉFENDRE QUE SON POTAGER, SES FLEURS ET SES LAPINS...

TIRE-AU-CUL! JE PARLE DU CŒUR DE CES PROVINCES! ILS NE L'AURONT JAMAIS!

HA! HA! HA!

LA NUIT, PAR TEMPS CLAIR, JE M'ENDOR-MAIS EN ÉCOUTANT TONNER, À TRENTE-CINQ KILOMÈTRES DE NOUS, LA GROSSE BERTHA. J'ÉTAIS BIEN LOIN DE MES CHÈRES SIRÈNES...

BROOM
BROOM

TEDDY?...

C'EST TOI, CAMILLE? TU AS PEUR DU CANON?

NON. J'ENTENDS CHANTER PÉPÈRE...

CE N'EST RIEN... IL CHANTE EN DORMANT. DORS, CAMILLE...

39

41

J'ÉTAIS ENTRÉ AU COLLÈGE EN 6e B AU DÉBUT D'OCTOBRE. MAIS LA PLUPART DES PROFESSEURS ÉTANT MOBILISÉS, EUX AUSSI, MA MÈRE M'EN RETIRA BIENTÔT POUR ME GARDER À LA MAISON.

CHAQUE JOUR, NOUS ALLIONS DANS LES DUNES REGARDER LES ÉVOLUTIONS DES TAUBEN QUI SURVOLAIENT DUNKERQUE.

ELLES FURENT FATALES À NOTRE ONCLE DENIS, UN JOUR DE LA FIN D'OCTOBRE.

ET VOUS SALUEREZ BIEN VOTRE PETITE FEMME POUR MOI, N'EST-CE PAS ?

JE N'Y MANQUERAI PAS, MADAME DEKETER, MERCI BEAUCOUP.

UN AVION QUI FAISAIT UN PEU PLUS DE BRUIT QUE LES AUTRES LÂCHA SES BOMBES, LES PREMIÈRES SUR LA VILLE.

ALLEZ ! AU REVOIR, MON PETIT PÈRE, ET CONTINUE DE BIEN PROTÉGER TA MAMAN, HEIN !

BAOUM

LE CHOC TUA SUR LE COUP LA FEMME DU COIFFEUR ET L'ONCLE DENIS.

LE BÉBÉ ! VENEZ VOIR LE BÉBÉ ! IL A ÉTÉ PROJETÉ DANS LE RUISSEAU, MAIS IL EST VIVANT !

EN NOVEMBRE, LE CHAMP DE BETTERAVES FUT ÉPARGNÉ DE NOS PILLAGES. NOUS AVIONS OUBLIÉ SAINT MARTIN...

CLACQUIN !
CLACQUIN !

SALUT, MON VIEUX ! QUE SE PASSE-T-IL ?

ÇA Y EST ! NOUS PARTONS !

TU PARS ? MAIS QUAND ÇA ?

MAINTENANT ! ON S'EN VA TOUT DE SUITE !

TOUS LES NAVIRES ABANDONNENT DUNKERQUE COMME PORT D'ATTACHE POUR LE HAVRE, ET PAPA NOUS DEMANDE DE LE REJOINDRE LÀ-BAS AU PLUS VITE...

AH, BEN MERDE !

IL FAUT QUE J'Y AILLE... ALORS... JE M'EN VAIS... AU REVOIR, ANDRÉ...

ADIEU, TEDDY DES DUNES...

MON GRAND-PÈRE RESTAIT LÀ POUR GARDER LA MAISON, AVEC L'INFORTUNÉE TANTE JEANNE, LA FEMME DE L'ONCLE DENIS. IL NOUS DIT EN NOUS EMBRASSANT: "VOUS REVIENDREZ BIENTÔT"... LE CROYAIT-IL VRAIMENT ?...

ALLEZ ! SOIGNE-TOI BIEN, HEIN !

PRENDS SOIN DE TOI, PÈPÈRE, ET N'EN PROFITE PAS POUR FUMER, N'EST-CE PAS ?

AU REVOIR, MES ENFANTS.

AU REVOIR, PÈPÈRE !

AU REVOIR, TEDDY ! NE PLEURE PAS... TU VEILLERAS BIEN SUR LES FEMMES, TU SAIS QUE C'EST TOI L'HOMME, À PRÉSENT !

JE SUIS TROP PETIT, PÈPÈRE, POUR FAIRE UN HOMME !...

MAIS NON, TU VERRAS... AU REVOIR, MON PETIT BONHOMME...

JE NE DEVAIS PAS LE REVOIR. IL MOURUT SEUL DANS CETTE GRANDE MAISON, NOTRE MAISON INJUSTEMENT ABANDONNÉE AU SILENCE.

44

PUISSENT LES MURS RÉSONNER ENCORE POUR TOI, MON CHER PÉPÈRE, MON GRAND AMI, DES ÉCHOS DE NOS RIRES ET DE NOS TAQUINERIES...

AU REVOIR !

DE QUOI NOUS PUNISSAIT-ON, À LA FIN ? ÉTIONS-NOUS COUPABLES D'AVOIR ÉTÉ TROP CONFIANTS DANS NOTRE BONHEUR SIMPLE ET TRANQUILLE ? ÉTAIT-IL JUSTE, EN COMPENSATION, QUE NOUS NOUS TROUVIONS SOUDAIN DEVANT LE PLUS TOTAL INCONNU ET LE DÉSARROI DE NOTRE CŒUR ?...

J'AVAIS LE SENTIMENT DE SUIVRE UN FIL QUI ME MENAIT JE NE SAVAIS OÙ, MAIS À REBOURS. LE VERGER...LE VERGER DE MON PÈRE, COMME IL ÉTAIT VILAIN SOUS LA PLUIE !

LE CANAL, SI TRISTE, AVEC, AU-DELÀ, SES GUINGUETTES PIMPANTES, "LE JARDIN MABILLE", "LA VALLÉE DES ROSES"...

LA VALLÉE DES ROSES... ROSENDAËL, LES JARDINS FLEURIS, NOTRE MAISON FRAÎCHE ET NEUVE, NOTRE INSOUCIANCE, MON ENFANCE... TOUT ÉTAIT ENGLOUTI DANS UN MONDE CHAOTIQUE ET RIDICULE...

SUR LA ROUTE, LE LONG DU CANAL DE FURNES, JE CROISAI UN FANTÔME. C'ÉTAIT L'ATTELAGE QUI NOUS EMMENAIT, MON PÈRE, MON ONCLE HENRI ET MOI, SUIVIS DE NOS MEUBLES, VERS LA MAISON DE LA RUE DU PONT-NEUF... DIS, TEDDY, TU CROIS QUE NOUS SERONS AUSSI HEUREUX QU'ICI ?...

44

BIEN SÛR, CAMILLE ! TU VERRAS... PAPA TUERA TOUS LES ALLEMANDS ! C'EST UN HÉROS, TU SAIS... CHIEN NOIR L'A DIT...

DU MÊME AUTEUR

Aux Éditions Dupuis
dans la série *Théodore Poussin* :

Quatrième de couverture :

Théodore-Charles et Madeleine Le Coq, vers 1910.
Photo : CAYE, place du Kursaal, Malo-les-Bains.

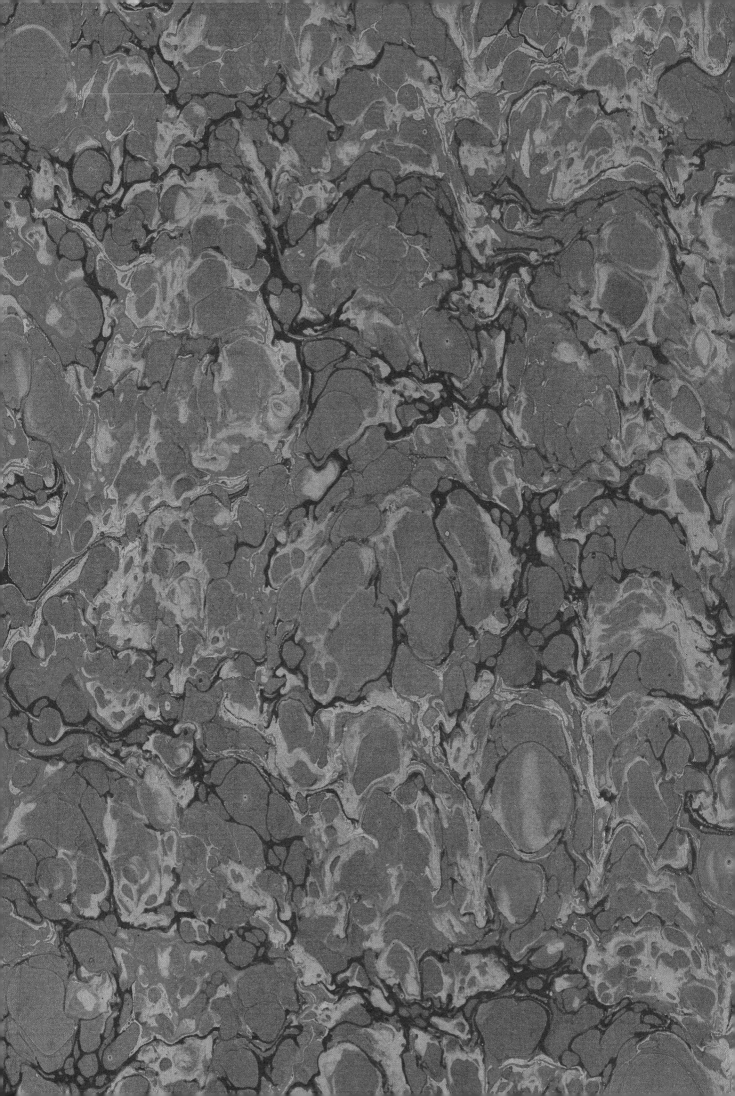